O PRAZER DO TEXTO

Coleção ELOS
Dirigida por J. Guinsburg

Equipe de Realização – Tradução: J. Guinsburg • Revisão: Alice Kyoko Miyashiro
• Logotipo da coleção: A. Lizárraga • Capa e projeto gráfico: Adriana Garcia •
Produção: Ricardo W. Neves e Sergio Kon.

ROLAND BARTHES

O PRAZER
DO TEXTO

Título do original em alemão
Der moderne Denkmalkulius, sein Wesen seine Entstehung

Dados Internacionais de Catalogação na Publicação (CIP)
(Câmara Brasileira do Livro, SP, Brasil)

Barthes, Roland, 1915-1980.
   O prazer do texto / Roland Barthes ; [tradução
J. Guinsburg]. São Paulo : Perspectiva, 2015. (Elos ; 2 /
dirigida por J. Guinsburg)

   Título original: Le plaisir du texte.
   1. reimpr da 6. ed. de 2013
   ISBN 978-85-273-0091-9

1. Literatura - Estética 2. Literatura - História e crítica
I. Guinsburg, J. II. Título. III. Série.

06-1393   CDD-809

Índices para catálogo sistemático:
1. Literatura : História e crítica   809

6ª edição – 1ª reimpressão
[PPD]
Direitos reservados em língua portuguesa à

EDITORA PERSPECTIVA LTDA.

Av. Brigadeiro Luís Antônio, 3025
01401-000 São Paulo SP Brasil
Telefax: (11) 3885-8388
www.editoraperspectiva.com.br
2019

La seule de ma vie a été la peur.

HOBBES

O prazer do texto: qual o simulador de Bacon,
ele pode dizer: *jamais se desculpar, jamais se explicar*.
Nunca ele nega nada: "Desviarei meu olhar, será doravante a minha única negação".

*
* *

Ficção de um indivíduo (algum Sr. Teste às avessas)
que abolisse nele as barreiras, as classes, as exclusões, não
por sincretismo, mas por simples remoção desse velho
espectro: a contradição lógica; que misturasse todas as
linguagens, ainda que fossem consideradas incompatíveis;
que suportasse, mudo, todas as acusações de ilogismo, de
infidelidade; que permanecesse impassível diante da ironia

socrática (levar o outro ao supremo opróbrio: *contradizer--se*) e o terror legal (quantas provas penais baseadas numa psicologia da unidade!). Este homem seria a abjeção de nossa sociedade: os tribunais, a escola, o asilo, a conversação, convertê-lo-iam em um estrangeiro: quem suporta sem nenhuma vergonha a contradição? Ora este contra--herói existe: é o leitor de texto; no momento em que se entrega a seu prazer. Então o velho mito bíblico se inverte, a confusão das línguas não é mais uma punição, o sujeito chega à fruição pela coabitação das linguagens, *que trabalham lado a lado*: o texto de prazer é Babel feliz.

(*Prazer/Fruição** : terminologicamente isso ainda vacila, tropeço, confundo-me. De toda maneira, haverá sempre uma margem de indecisão; a distinção não será origem de classificações seguras, o paradigma rangerá, o sentido será precário, revogável, reversível, o discurso será incompleto.)

---

* Alguns críticos têm considerado que a melhor tradução de *jouissance* para o português seria gozo, uma vez que esta palavra daria, de um modo mais explícito, o sentido do prazer físico contido no termo original. De nossa parte, acreditamos que a palavra *fruição*, embora algo mais delicada, encerra a mesma acepção – "gozo, posse, usufruto" – com a vantagem de reproduzir poeticamente o movimento fonético do original francês. Em todo caso fica para o leitor o prazer que pretenda desfrutar nesta leitura. (N. do T.)

Se leio com prazer essa frase, essa história ou essa palavra, é porque foram escritas no prazer (esse prazer não está em contradição com as queixas do escritor). Mas e o contrário? Escrever no prazer me assegura — a mim, escritor — o prazer de meu leitor? De modo algum. Esse leitor, é mister que eu o procure (que eu o "drague"), *sem saber onde ele está*. Um espaço de fruição fica então criado. Não é a "pessoa" do outro que me é necessária, é o espaço: a possibilidade de uma dialética do desejo, de uma *imprevisão* do desfrute: que os dados não estejam lançados, que haja um jogo.

Apresentam-me um texto. Esse texto me enfara. Dir-se-ia que ele *tagarela*. A tagarelice do texto é apenas essa espuma de linguagem que se forma sob o efeito de uma simples necessidade de escritura. Não estamos aqui na perversão, mas na procura. Escrevendo seu texto, o escrevente adota uma linguagem de criança de peito: imperativa, automática, sem afeto, pequena debandada de cliques (esses fonemas lácteos que o jesuíta maravilhoso, van Ginneken, colocava entre a escritura e a linguagem): são os movimentos de uma sucção sem objeto, de uma oralidade indiferenciada, separada da que produz os prazeres da gastrosofia e da linguagem. O senhor se dirige a mim para que eu o leia, mas para si nada mais sou que essa direção; não sou a seus olhos o substituto de nada, não tenho nenhuma figura (apenas a da Mãe); não sou para si um corpo, nem sequer um objeto (isso pouco se me dá: não é a alma que reclama seu reconhecimento), mas apenas um campo, um vaso de expansão. Pode-se dizer que finalmente esse texto, o senhor o escreveu fora de qualquer fruição; e esse texto-tagarelice é em suma um texto frígido, como o é qualquer procura, antes que nela se forme o desejo, a neurose.

A neurose é um último recurso: não em relação à "saúde", mas em relação ao "impossível" de que fala Bataille ("A neurose é a apreensão timorata de um fundo impossível" etc.); mas esse último recurso é o único que permite escrever (e ler). Chega-se então a este paradoxo: os textos, como os de Bataille — ou de outros — que são escritos contra a neurose, do seio da loucura, têm em si, *se querem ser lidos*, esse pouco de neurose necessário para a sedução de seus leitores: esses textos terríveis são *apesar de tudo* textos coquetes.

Todo escritor dirá então: *louco não posso, são não me digno, neurótico sou.*

O texto que o senhor escreve tem de me dar prova de que ele me deseja. Essa prova existe: é a escritura. A escritura é isto: a ciência das fruições da linguagem, seu *kama-sutra* (desta ciência, só há um tratado: a própria escritura).

*
* *

Sade: o prazer da leitura vem evidentemente de certas rupturas (ou de certas colisões): códigos antipáticos (o nobre e o trivial, por exemplo) entram em contato; neologismos pomposos e derrisórios são criados; mensagens pornográficas vêm moldar-se em frases tão puras que poderiam ser tomadas por exemplos de gramática. Como diz a teoria do texto: a linguagem é redistribuída. Ora, *essa redistribuição se faz sempre por corte.* Duas margens são traçadas: uma margem sensata, conforme, plagiária (trata--se de copiar a língua em seu estado canônico, tal como foi fixada pela escola, pelo uso correto, pela literatura, pela cultura), e *uma outra margem*, móvel, vazia (apta a tomar não importa quais contornos) que nunca é mais do que o lugar de seu efeito: lá onde se entrevê a morte da linguagem. Essas duas margens, *o compromisso que elas encenam*, são necessárias. Nem a cultura nem a sua destruição são eróticas; é a fenda entre uma e outra que se torna erótica. O prazer do texto é semelhante a esse instante insustentável, impossível, puramente *romanesco*, que o libertino degusta ao termo de uma maquinação ousada, mandando cortar a corda que o suspende, no momento em que goza.

Daí, talvez, um meio de avaliar as obras da modernidade: seu valor proviria de sua duplicidade. Cumpre entender por isso que elas têm sempre duas margens. A margem subversiva pode parecer privilegiada porque é a da violência; mas não é a violência que impressiona o prazer; a destruição não lhe interessa; o que ele quer é o lugar de uma perda, é a fenda, o corte, a deflação, o *fading* que se apodera do sujeito no imo da fruição. A cultura retoma, portanto, como margem: sob não importa qual forma.

Sobretudo, evidentemente (é aí que a margem será mais nítida) sob a forma de uma materialidade pura: a língua, seu léxico, sua métrica, sua prosódia. Em *Lois*, de Philippe Sollers, tudo é atacado, desconstruído: os edifícios ideológicos, as solidariedades intelectuais, a separação dos idiomas e mesmo a armadura sagrada da sintaxe (sujeito/predicado); o texto já não tem a frase por modelo; é amiúde um potente jato de palavras, uma fita de infralíngua. No entanto, tudo isso vem bater contra uma outra margem: a do metro (decassilábico), da assonância, dos neologismos verossímeis, dos ritmos prosódicos, dos trivialismos (citacionais). A desconstrução da língua é cortada pelo dizer político, bordejada pela antiquíssima cultura do significante.

Em *Cobra*, de Severo Sarduy (traduzido por Sollers e pelo autor), a alternância é a de dois prazeres *em estado de sobrelanço*; a outra margem é a outra felicidade: mais, mais, mais ainda!, ainda mais outra palavra, mais outra festa. A língua se reconstrói *alhures* pelo fluxo apressado de todos os prazeres da linguagem. Onde, alhures? No paraíso das palavras. Trata-se verdadeiramente de um texto paradisíaco, utópico (sem lugar), de uma heterologia por plenitude: todos os significantes estão lá e cada um deles acerta na mosca; o autor (o leitor) parece dizer-lhes: *amo a vocês todos* (palavras, giros, frases, adjetivos, rupturas: de cambulhada: os signos e as miragens de objetos que eles representam); uma espécie de franciscanismo obriga todas as palavras a se apresentarem, a se apressarem, a tornarem a partir: texto jaspeado, variegado; estamos entulhados pela linguagem, como crianças a quem nada fosse jamais recusado, censurado, ou pior ainda: "permitido". É a aposta de uma jubilação contínua, o momento em que por seu excesso o prazer verbal sufoca e oscila na fruição.

Flaubert: uma maneira de cortar, de romper o discurso *sem o tornar insensato*.

Certo, a retórica conhece as rupturas de construção (anacolutos) e as rupturas de subordinação (assíndetos); mas, pela primeira vez com Flaubert, a ruptura não é mais excepcional, esporádica, brilhante, engastada na matéria vil de um enunciado corrente: deixa de haver língua *aquém* dessas figuras (o que quer dizer, num outro sentido: nada mais existe exceto a língua); um assíndeto generalizado apropria-se de toda a enunciação, de tal modo que esse discurso muito legível é, *às escondidas*, um dos mais loucos que é possível imaginar: toda a moedinha lógica está nos interstícios.

Eis um estado muito sutil, quase insustentável, do discurso: a narratividade é desconstruída e a história permanece no entanto legível: nunca as duas margens da fenda foram mais nítidas e mais tênues, nunca o prazer foi melhor oferecido ao leitor — pelo menos se ele gosta das rupturas vigiadas, dos conformismos falsificados e das destruições indiretas. Ademais o êxito pode ser aqui reportado a um autor, junta-se-lhe o prazer do desempenho: a proeza é manter a *mímesis* da linguagem (a linguagem imitando-se a si própria), fonte de grandes prazeres, de uma maneira tão *radicalmente ambígua* (ambígua até a raiz) que o texto não tombe jamais sob a boa consciência (e a má fé) da paródia (do riso castrador, do "cômico que faz rir").

O lugar mais erótico de um corpo não é *lá onde o vestuário se entreabre?* Na perversão (que é o regime do prazer textual) não há "zonas erógenas" (expressão aliás bastante importuna); é a intermitência, como o disse muito bem a psicanálise, que é erótica: a da pele que cintila entre duas peças (as calças e a malha), entre duas bordas (a camisa entreaberta, a luva e a manga); é essa cintilação mesma que seduz, ou ainda: a encenação de um aparecimento-desaparecimento.

Não se trata do prazer do *strip-tease* corporal ou do *suspense* narrativo. Em ambos os casos, não há rasgão, não há margens; há uma revelação progressiva: toda a excitação se refugia na *esperança* de ver o sexo (sonho de colegial) ou de conhecer o fim da história (satisfação romanesca). Paradoxalmente (visto que é de consumo de massas), é um prazer bem mais intelectual do que o outro: prazer edipiano (desnudar, saber, conhecer a origem e o fim), se é verdade que todo relato (toda revelação da verdade) é uma encenação do Pai (ausente, oculto ou hipostasiado) — o que explicaria a solidariedade das formas narrativas, das estruturas familiares e das proibições de nudez, todas reunidas, entre nós, no mito de Noé coberto pelos filhos.

No entanto, a narrativa mais clássica (um romance de Zola, de Balzac, de Dickens, de Tolstói) traz em si mesma uma espécie de tmese enfraquecida: não lemos tudo com a mesma intensidade de leitura; um ritmo se estabelece, desenvolto, pouco respeitoso em relação à *integridade* do texto; a própria avidez do conhecimento nos leva a sobrevoar ou a passar por cima de certas passagens (pressentidas como "aborrecidas") para encontrarmos o mais depressa possível os pontos picantes da anedota (que são sempre suas articulações — o que faz avançar a revelação do enigma ou do destino): saltamos impunemente (ninguém nos vê) as decrições, as explicações, as considerações, as conversações; tornamo-nos então semelhantes a um espectador de cabaré que subisse ao palco e apressasse o *strip-tease* da bailarina, tirando-lhe rapidamente as roupas, *mas dentro da ordem*, isto é: respeitando, de um lado, e precipitando, de outro, os episódios do rito (qual um padre que *engolisse* a sua missa). A tmese, fonte ou figura do prazer, põe aqui em confronto duas margens prosaicas; ela opõe o que é útil ao conhecimento do segredo e o que lhe é inútil; é uma fenda surgida de um simples princípio de funcionalidade; ela não se produz diretamente a estrutura das linguagens, mas apenas no momento de seu consumo; o autor não pode prevê-la: ele não pode querer escrever *o que não se lerá*. No entanto, é o próprio ritmo daquilo que se lê e do que não se lê que produz o prazer dos grandes relatos: ter-se-á alguma vez lido Proust, Balzac, *Guerra e Paz*, palavra por palavra? (Felicidade de Proust: de uma leitura a outra, não saltamos nunca as mesmas passagens).

O que eu aprecio, num relato, não é pois diretamente o seu conteúdo, nem mesmo sua estrutura, mas antes as esfoladuras que imponho ao belo envoltório: corro, salto, ergo a cabeça, torno a mergulhar. Nada a ver com a profunda rasgadura que o texto da fruição imprime à própria linguagem, e não à simples temporalidade de sua leitura.

Daí dois regimes de leitura: uma vai direto às articulações da anedota, considera a extensão do texto, ignora os jogos de linguagem (se eu leio Júlio Verne, avanço depressa: perco algo do discurso, e no entanto minha leitura não é fascinada por nenhuma *perda* verbal — no sentido que esta palavra pode ter em espeleologia); a outra leitura não deixa passar nada; ela pesa, cola-se ao texto, lê, se se pode assim dizer, com aplicação e arrebatamento, apreende em cada ponto do texto o assíndeto que corta as linguagens — e não a anedota: não é a extensão (lógica) que a cativa, o desfolhamento das verdades, mas o folheado da significância; como no jogo da "mão quente", a excitação, provém, não de uma pressa processiva, mas de uma espécie de charivari vertical (a verticalidade da linguagem e de sua destruição); é no momento em que cada mão (diferente) salta por cima da outra (e não uma *depois* da outra), que o buraco se produz e arrasta o sujeito do jogo — o sujeito do texto. Ora, paradoxalmente (a tal ponto a opinião crê que basta *ir depressa* para não nos aborrecermos), esta segunda leitura, *aplicada* (no sentido próprio), é a que convém ao texto moderno, ao texto-limite. Leiam lentamente, leiam tudo, de um romance de Zola, o livro lhes cairá das mãos; leiam depressa, por fragmentos, um texto moderno, esse texto torna-se opaco, perempto para o nosso prazer: vocês querem que ocorra alguma coisa, e não ocorre nada; pois *o que ocorre à linguagem não ocorre ao discurso*: o que "acorre"*, o que "se vai", a fenda das duas margens, o interstício da fruição, produz-se no volume das linguagens, na enunciação, não na sequência dos enunciados: não devorar, não engolir, mas pastar, aparar com minúcia, redescobrir, para ler esses autores de hoje, o lazer das antigas leituras: sermos leitores *aristocráticos*.

*
* *

Se aceito julgar um texto segundo o prazer, não posso ser levado a dizer: este é bom, aquele é mau. Não há quadro de honra, não há crítica, pois esta implica sempre um objetivo tático, um uso social e muitas vezes uma cobertura imaginária. Não posso dosar, imaginar que o texto seja perfectível, que está pronto a entrar num jogo de

---

* No original *arrive*. (N. do T.)

predicados normativos: é demasiado *isto*, não é bastante *aquilo*; o texto (o mesmo sucede com a voz que canta) só pode me arrancar este juízo, de modo algum adjetivo: *é isso!* E mais ainda: *é isso para mim!* Este "para mim" não é nem subjetivo, nem existencial, mas nietzschiano ("no fundo, é sempre a mesma questão: O que é que é *para mim?*...").

O *brio* do texto (sem o qual, em suma, não há texto) seria *a sua vontade de fruição*: lá onde precisamente ele excede a procura, ultrapassa a tagarelice e através do qual tenta transbordar, forçar o embargo dos adjetivos — que são essas portas da linguagem por onde o ideológico e o imaginário penetram em grandes ondas.

*
* *

Texto de prazer: aquele que contenta, enche, dá euforia; aquele que vem da cultura, não rompe com ela, está ligado a uma prática *confortável* da leitura. Texto de fruição: aquele que põe em estado de perda, aquele que desconforta (talvez até um certo enfado), faz vacilar as bases históricas, culturais, psicológicas do leitor, a consistência de seus gostos, de seus valores e de suas lembranças, faz entrar em crise sua relação com a linguagem.

Ora, é um sujeito anacrônico aquele que mantém os dois textos em seu campo e em sua mão as rédeas do prazer e da fruição, pois participa ao mesmo tempo e contraditoriamente do hedonismo profundo de toda cultura (que entra nele pacificamente sob a cobertura de uma arte de viver de que fazem parte os livros antigos) e da destruição dessa cultura: ele frui da consistência de seu *ego* (é seu prazer) e procura sua perda (é a sua fruição). É um sujeito duas vezes clivado, duas vezes perverso.

*
* *

Sociedade dos Amigos do Texto: os seus membros não teriam nada em comum (pois não há forçosamente acordo sobre os textos do prazer), senão seus inimigos: maçadores de toda espécie, que decretam a perempção do texto e de seu prazer, seja por conformismo cultural, seja por racionalismo intransigente (suspeitando de uma "mística" da literatura), seja por moralismo político, seja por crítica do significante, seja por pragmatismo imbecil, seja por parvo-íce farsista, seja por destruição do discurso, perda do desejo verbal. Uma tal sociedade só poderia ocorrer, só poderia mover-se em plena atopia; seria contudo uma espécie de falanstério, pois as contradições nela seriam reconhecidas (e portanto restringidos os riscos de impostura ideológica), nela a diferença seria observada e o conflito acometido de insignificância (sendo improdutor de prazer).

"Que a diferença se insinue sub-repticiamente no lugar do conflito." A diferença não é aquilo que mascara ou edulcora o conflito: ela se conquista sobre o conflito, ela está *para além e ao lado* dele. O conflito não seria nada mais do que o estado moral da diferença; cada vez (e isto torna-se frequente) que não é tático (visando transformar uma situação real), pode-se apontar nele a carência-de--fruição, o malogro de uma perversão que se achata sob o seu próprio código e já não sabe inventar-se: o conflito é sempre codificado, a agressão não é senão a mais acal-canhada das linguagens. Ao recusar a violência, é o pró-prio código que eu recuso (no texto de Sade, fora de todo código, posto que ele inventa continuamente o seu pró-prio e apenas o seu, não há conflitos: nada exceto triunfos). Eu amo o texto porque ele é para mim esse espaço raro da linguagem, do qual está ausente toda "cena", (no sentido doméstico, conjugal do termo), toda logomaquia. O texto não é nunca um "diálogo": não há risco nenhum de fingimento, de agressão, de chantagem, nenhuma rivalidade de idioletos; ele institui no seio da relação humana — corrente — uma espécie de ilhota, manifesta a natureza associal do prazer (só o lazer é social), deixa entrever a verdade escandalosa da fruição: que ela poderia muito bem ser, abolido todo o imaginário da fala, *neutra*.

*
* *

Na cena do texto não há ribalta: não existe por trás do texto ninguém ativo (o escritor) e diante dele ninguém passivo (o leitor); não há um sujeito e um objeto. O texto prescreve as atitudes gramaticais: é o olho indiferenciado de que fala um autor excessivo (Angelus Silesius): "O olho por onde eu vejo Deus é o mesmo olho por onde ele me vê".

Parece que os eruditos árabes, falando do texto, empregam esta expressão admirável: *o corpo certo*. Que corpo?

Temos muitos; o corpo dos anatomistas e dos fisiologistas; aquele que a ciência vê ou de que fala: é o texto dos gramáticos, dos críticos, dos comentadores, filólogos (é o fenotexto). Mas nós temos também um corpo de fruição feito unicamente de relações eróticas, sem qualquer relação com o primeiro: é um outro corte, uma outra nomeação; do mesmo modo o texto: ele não é senão a lista aberta dos fogos da linguagem (esses fogos vivos, essas luzes intermitentes, esses traços vagabundos dispostos no texto como sementes e que substituem vantajosamente para nós as *semina aeternitatis*, os *zopyra*, as noções comuns, as assunções fundamentais da antiga filosofia). O texto tem uma forma humana, é uma figura, um anagrama do corpo? Sim, mas de nosso corpo erótico. O prazer do texto seria irredutível a seu funcionamento gramatical (fenotextual), como o prazer do corpo é irredutível à necessidade fisiológica.

O prazer do texto é esse momento em que meu corpo vai seguir suas próprias ideias — pois meu corpo não tem as mesmas ideias que eu.

*
* *

Como sentir prazer em um prazer *relatado* (enfado das narrativas de sonhos, de festas)? Como ler a crítica? Um único meio: visto que sou aqui um leitor em segundo grau, cumpre-me deslocar minha posição: esse prazer crítico, em vez de aceitar ser o seu confidente — meio seguro de perdê-lo — posso tornar-me o seu *voyeur*: observo clandestinamente o prazer do outro, entro na perversão; o comentário faz-se então a meus olhos um texto, uma ficção, um envoltório fendido. Perversidade do escritor (seu prazer de escrever *não tem função*), dupla e tripla perversidade do crítico e do seu leitor, até ao infinito.

Um texto sobre o prazer não pode ser outra coisa senão curto (como se costuma dizer: *isso é tudo? é um pouco curto?*), porque como o prazer só se deixa dizer através da via indireta de uma reivindicação (tenho *direito* ao prazer) , não se pode sair de uma dialética breve, de dois tempos: o tempo da *doxa*, da opinião, e o da *paradoxa*, da contestação. Falta um terceiro termo, outro além do prazer e sua censura. Esse termo fica postergado para mais tarde, e enquanto nos agarrarmos ao nome mesmo do "prazer", todo texto sobre o prazer será sempre apenas dilatório; será uma introdução ao que nunca se escreverá. Semelhante a essas produções da arte contemporânea, que esgotam a sua necessidade tão logo a pessoa as viu (pois, vê-las, é compreender imediatamente com que fim destrutivo são expostas: não há mais nelas nenhuma duração contemplativa ou deleitativa), uma tal introdução não poderia senão repetir-se — sem jamais introduzir nada.

*
* *

O prazer do texto não é forçosamente do tipo triunfante, heroico, musculoso. Não tem necessidade de se arquear. Meu prazer pode muito bem assumir a forma de uma deriva. A deriva advém toda vez que *eu não respeito o todo* e que, à força de parecer arrastado aqui e ali ao sabor das ilusões, seduções e intimidações da linguagem, qual uma rolha sobre as ondas, permaneço imóvel, girando em torno da fruição *intratável* que me liga ao texto (ao mundo). Há deriva, toda vez que a linguagem social, o socioleto, *me falta* (como se diz: *falta-me o ânimo*). Daí por que um outro nome da deriva seria: o *Intratável* — ou talvez ainda: a Asneira.

Entretanto, se se chegasse a isso, dizer a deriva seria hoje um discurso suicida.

*
* *

Prazer do texto, texto de prazer: essas expressões são ambíguas porque não há palavra francesa para cobrir ao mesmo tempo o prazer (o contentamento) e a fruição (o desvanecimento). O "prazer" é, portanto, aqui (e sem poder prevenir), ora extensivo à fruição, ora a ela oposto. Mas devo me acomodar com esta ambiguidade; pois, de um lado, tenho necessidade de um "prazer" geral, toda vez que preciso me referir a um excesso do texto, àquilo que, nele, excede qualquer função (social) e qualquer funcionamento (estrutural); e, de outro, tenho necessidade de um "prazer" particular, simples parte do Todo-prazer, toda vez que preciso distinguir a euforia, a saciedade, o conforto (sentimento de repleção em que a cultura penetra livremente), da agitação, do abalo, da perda, próprios da fruição. Sou compelido a esta ambiguidade porque não posso depurar a palavra "prazer" dos sentidos de que ocasionalmente não preciso: não posso impedir que em francês "prazer" remeta ao mesmo tempo a uma generalidade ("princípio de prazer") e a uma miniaturização ("Os tolos estão neste mundo para os nossos pequenos prazeres"). Sou, portanto, obrigado a deixar que o enunciado de meu texto caia na contradição.

O prazer não é uma pequena fruição? A fruição é apenas um prazer extremo? O prazer é apenas uma fruição enfraquecida, aceita — e desviada através de um escalonamento de conciliações? A fruição não é senão um prazer brutal, imediato (sem mediação)? Da resposta (sim ou não) depende a maneira pela qual iremos contar a história de nossa modernidade. Pois se eu digo que entre o prazer e a fruição não há senão uma diferença de grau, digo também que a história está pacificada: o texto da fruição é apenas o desenvolvimento lógico, orgânico, histórico, do texto de prazer, a vanguarda não é mais do que a forma progressiva, emancipada, da cultura do passado: o hoje sai de ontem, Robbe-Grillet já está em Flaubert, Sollers em Rabelais, todo o Nicolas de Stael em dois centímetros quadrados de Cézanne. Mas se creio, ao contrário, que o prazer e a fruição são forças paralelas, que elas não se podem encontrar e que entre elas há mais do que um combate: uma incomunicação, então me cumpre na verdade pensar que a história, nossa história, não é pacífica, nem mesmo pode ser inteligente, que o texto de fruição surge sempre aí à maneira de um escândalo (de uma claudicação), que ele é sempre o traço de um corte, de uma afirmação (e não de um florescimento) e que o sujeito dessa história (esse sujeito histórico que eu sou entre outros), longe de poder acalmar-se levando em conjunto o gosto pelas obras passadas e a defesa das obras modernas num belo movimento dialético de síntese, nunca é mais do que uma "contradição viva": um sujeito clivado, que frui ao mesmo tempo, através do texto, da consistência de seu *ego* e de sua queda.

Temos, aliás, oriundo da psicanálise, um meio indireto de fundamentar a oposição do texto de prazer e do texto de fruição: o prazer é dizível, a fruição não o é.

A fruição é in-dizível, inter-dita. Remeto a Lacan: "O que é preciso considerar é que a fruição está interdita a quem fala, como tal, ou ainda que ela só pode ser dita entre as linhas[...]", ou a Leclaire: "[...]aquele que diz, por seu dito, se interdiz a fruição, ou, correlativamente, aquele que frui faz com que toda letra — e todo dito possível — se desvaneça no absoluto da anulação que ele celebra".

O escritor de prazer (e seu leitor) aceita a letra; renunciando à fruição, tem o direito e o poder de dizê-la: a letra é seu prazer; está obsedado por ela, como o estão todos aqueles que amam a linguagem (não a fala), todos os logófilos, escritores, epistológrafos, linguistas; dos textos de prazer é possível, portanto, falar (não há nenhum debate com a anulação do desfrute): *a crítica versa sempre sobre textos de prazer, jamais sobre textos de fruição*: Flaubert, Proust, Stendhal são comentados inesgotavelmente; a crítica diz então, do texto tutor, a fruição vã, a fruição *passada ou futura: vocês vão ler, eu li*: a crítica é sempre histórica ou prospectiva; o presente constativo, a *apresentação* da fruição lhe é interdita; sua matéria de predileção é portanto a cultura, que é tudo em nós salvo nosso presente.

Com o escritor de fruição (e seu leitor) começa o texto insustentável, o texto impossível. Este texto está fora-de--prazer, fora-da-crítica, *a não ser que seja atingido por um outro texto de fruição*: não se pode falar "sobre" um texto assim, só se pode falar "em" ele, *à sua maneira*, só se pode entrar num plágio desvairado, afirmar histericamente o vazio da fruição (e não mais repetir obsessivamente a letra do prazer).

*
* *

Toda uma pequena mitologia tende a nos fazer acreditar que o prazer (e singularmente o prazer do texto) é uma ideia de direita. À direita, expede-se para a esquerda, com um mesmo movimento, tudo o que é abstrato, aborrecido, político, e as pessoas guardam para si o prazer: sejam bem-vindos entre nós, vocês que chegam enfim ao prazer da literatura! E à esquerda, por moral (esquecendo-se os charutos de Marx e Brecht), suspeita-se, desdenha-se qualquer "resíduo de hedonismo". À direita, o prazer é reivindicado contra a intelectualidade, o clericato: é o velho mito reacionário do coração contra a cabeça, da sensação contra o raciocínio, da "vida" (quente) contra "a abstração" (fria): o artista não deve, segundo o sinistro preceito de Debussy, "procurar humildemente causar prazer"? À esquerda, opõe-se o conhecimento, o método, o compromisso, o combate, à "simples deleitação" (no entanto, e se o próprio conhecimento fosse por sua vez *delicioso* ?). Dos dois lados, a ideia bizarra de que o prazer é coisa *simples*, e é por isso que o reivindicam ou o desprezam. O prazer, entretanto, não é um *elemento* do texto, não é um resíduo ingênuo; não depende de uma lógica do entendimento e da sensação; é uma deriva, qualquer coisa que é ao mesmo tempo revolucionária e associal e que não pode ser fixada por nenhuma coletividade, nenhuma mentalidade, nenhum idioleto. Qualquer coisa de *neutro* ? É fácil ver que o prazer do texto é escandaloso: não porque é imoral, mas porque é *atópico*.

*

* *

Por que todo este fasto verbal num texto? O luxo da linguagem faz parte das riquezas excedentes, do gasto inútil, da perda incondicional? Uma grande obra de prazer (a de Proust, por exemplo) participará da mesma economia que as pirâmides do Egito? O escritor será hoje em dia o substituto residual do Mendigo, do Monge, do Bonzo: improdutivo e no entanto alimentado? Análoga à Sangha búdica, a comunidade literária, qualquer que seja o álibi que apresentar, será mantida pela sociedade mercantil, não pelo que o escritor produz (não produz nada), mas pelo que ele queima? Excedente, mas de modo algum inútil?

A modernidade faz um esforço incessante para ultrapassar a troca: ela quer resistir ao mercado das obras (excluindo-se da comunicação de massa), ao signo (pela isenção do sentido, pela loucura), à boa sexualidade (pela perversão, que subtrai a fruição à finalidade da reprodução). E, no entanto, não há nada a fazer: a troca recupera tudo, aclimatando o que parece negá-la: apreende o texto, coloca-o no circuito das despesas inúteis, mas legais: ei-lo de novo metido numa economia coletiva (ainda que fosse apenas psicológica); é a própria inutilidade do texto que é útil, a título de potlach. Em outras palavras, a sociedade vive sobre o modo da clivagem: aqui, um texto, sublime, desinteressado, ali um objeto mercantil cujo valor é... a gratuidade desse objeto. Mas a sociedade não tem a menor ideia do que seja essa clivagem: *ela ignora sua própria perversão*:

As duas partes em litígio têm o seu quinhão: a pulsão tem direito à sua satisfação, a realidade recebe o respeito que lhe é devido. *Mas* [acrescenta Freud] *nada há de gratuito exceto a morte, como todo mundo sabe.*

Para o texto, a única coisa gratuita seria sua própria destruição: não escrever, não mais escrever, salvo do risco de ser sempre recuperado.

Estar com quem se ama e pensar em outra coisa: é assim que tenho os meus melhores pensamentos, que invento melhor o que é necessário ao meu trabalho. O mesmo sucede com o texto: ele produz em mim o melhor prazer se consegue fazer-se ouvir indiretamente; se, lendo-o, sou arrastado a levantar muitas vezes a cabeça, a ouvir outra coisa. Não sou necessariamente *cativado* pelo texto de prazer; pode ser um ato ligeiro, complexo, tênue, quase aturdido: movimento brusco da cabeça, como o de um pássaro que não ouve nada daquilo que nós escutamos, que escuta aquilo que nós não ouvimos.

*
* *

A emoção: por que seria ela antipática à fruição (eu a via erradamente toda do lado da sentimentalidade, da ilusão moral)? É uma perturbação, uma orla de desvanecimento: alguma coisa de perversos, sob os exteriores de bons sentimentos; talvez seja mesmo a mais retorcida das perdas, pois contradiz a regra geral, que quer dar à fruição uma figura fixa: forte, violenta, crua: algo de necessariamente musculado, tenso, fálico. Contra a regra geral: *nunca se deixar iludir pela* imagem *da fruição*; concordar em reconhecê--la por toda parte onde sobrevenha uma perturbação da regulação amorosa (fruição precoce, retardada, emocionada etc.): o amor-paixão como fruição. A fruição como sabedoria (quando consegue compreender-se a si mesma *fora de seus próprios preconceitos*)?

*
* *

Nada há a fazer: o enfado não é simples. Do enfado (perante uma obra, um texto), a gente não se livra com gesto de irritação ou de desafogo. Assim como o prazer do texto supõe toda uma produção indireta, do mesmo modo o enfado não pode prevalecer-se de qualquer espontaneidade: não há enfado *sincero*: se, pessoalmente, o texto--tagarelice me enfada, é porque na realidade não gosto da procura. Mas se eu gostasse dela (se tivesse algum apetite maternal)? O enfado não está longe da fruição: é a fruição vista das margens do prazer.

*
* *

Quanto mais uma história é contada de uma maneira decente, eloquente, sem malícia, num tom adocicado, tanto mais fácil é invertê-la, enegrecê-la, lê-la às avessas (Mme de Ségur lida por Sade). Essa inversão, sendo uma pura produção, desenvolve soberbamente o prazer do texto.

*
* *

Leio em *Bouvard et Pécuchet* esta frase, que me dá prazer: "Toalhas, lençóis, guardanapos pendiam verticalmente, presos por pregadores de madeira a cordas estendidas". Aprecio aqui um excesso de precisão, uma espécie de exatidão maníaca da linguagem, uma loucura de descrição (que se encontra nos textos de Robbe-Grillet). Assistimos a este paradoxo: a língua literária abalada, ultrapassada, *ignorada*, à medida mesmo que ela se ajusta à língua "pura", à língua essencial, à língua gramatical (essa língua não passa, evidentemente, de uma ideia). A exatidão em questão não resulta de um encarecimento de cuidados, não é mais-valia retórica, como se as coisas fossem *cada vez mais bem* descritas — mas de uma mudança de código: o modelo (longínquo) da descrição já não é o discurso oratório (já não se "pinta" nada), mas uma espécie de artefato lexicográfico.

*
* *

O texto é um objeto fetiche e *esse fetiche me deseja*. O texto me escolheu, através de toda uma disposição de telas invisíveis, de chicanas seletivas: o vocabulário, as referências, a legibilidade etc.; e, perdido no meio do texto (não *atrás* dele ao modo de um deus de maquinaria) há sempre o outro, o autor.

Como instituição, o autor está morto: sua pessoa civil, passional, biográfica, desapareceu; desapossada, já não exerce sobre sua obra a formidável paternidade que a história literária, o ensino, a opinião tinham o encargo de estabelecer e de renovar a narrativa: mas no texto, de uma certa maneira, *eu desejo* o autor: tenho necessidade de sua figura (que não é nem sua representação nem sua projeção), tal como ele tem necessidade da minha (salvo no "tagarelar").

*
* *

Os sistemas ideológicos são ficções (*fantasmas de teatro*, diria Bacon), romances — mas romances clássicos, bem providos de intrigas, crises, personagens boas e más (o *romanesco* é coisa totalmente diversa: um simples corte instruturado, uma disseminação de formas: o *maya*). Cada ficção é sustentada por um falar social, um socioleto, ao qual ela se identifica: a ficção é esse grau de consistente que uma linguagem atinge quando *pegou* excepcionalmente e encontra uma classe sacerdotal (padres, intelectuais, artistas) para a falar comumente e a difundir.

"[...]Cada povo tem acima de si um tal céu de conceitos matematicamente repartidos, e, sob a exigência da verdade, entende doravante que todo deus conceitual não seja buscado em outra parte a não ser em *sua* esfera" (Nietzsche): estamos todos presos na verdade das linguagens, quer dizer, em sua regionalidade, arrastados pela formidável rivalidade que regula sua vizinhança. Pois cada falar (cada ficção) combate pela hegemonia; se tem por si o poder, estende-se por toda a parte no corrente e no quotidiano da vida social, torna-se *doxa*, natureza: é o falar pretensamente apolítico dos homens políticos, dos agentes do Estado, é o da imprensa, do rádio, da televisão; é o da conversação; mas mesmo fora do poder, contra ele, a rivalidade renasce, os falares se fracionam, lutam entre si. Uma impiedosa *tópica*, regula a vida da linguagem; a linguagem vem sempre de algum lugar, é *topos* guerreiro.

Ele imaginava o mundo da linguagem (a logosfera) com um imenso e perpétuo conflito de paranoias. Só sobrevivem os sistemas (as ficções, os falares) bastante inventivos para produzir uma derradeira figura a que marca o adversário sob um vocábulo semicientífico, semiótico, espécie de torniquete que permite ao mesmo tempo constatar, explicar, condenar, vomitar, recuperar o inimigo, em uma palavra: *fazê-lo pagar*. Assim, entre outros, é o caso de certas vulgatas: do falar marxista, para quem toda oposição é de classe; do psicanalítico, para quem toda denegação é confissão; do cristão, para quem toda recusa é busca etc. Ele se espantava com o fato de a linguagem do poder capitalista não comportar, à primeira vista, uma tal figura de sistema (se não da mais baixa espécie, pois que os oponentes são sempre aí apresentados como "intoxicados", "teleguiados" etc.); compreendia então que a pressão da linguagem capitalista (tanto mais forte) não é de ordem paranoica, sistemática, argumentativa, articulada: é um empezamento implacável, uma *doxa*, uma maneira de insconsciente: em suma, uma ideologia em sua essência.

Para que esses sistemas falados cessem de enlouquecer ou incomodar, não há outro meio exceto habitar um deles. Senão: *e eu, e eu, o que é* que estou fazendo no meio disso tudo?

O texto, esse, é atópico, se não no seu consumo, pelo menos em sua produção. Não é um falar, uma ficção, nele o sistema está desbordado, desfeito (esse desbordamento, essa defecção, é a significância). Desta atopia ele toma e comunica a seu leitor um estado bizarro: ao mesmo tempo excluído e pacífico. Na guerra das linguagens, pode haver momentos tranquilos, e esses momentos são textos ("A guerra, diz uma das personagens de Brecht, não exclui a paz [...] A guerra tem seus momentos pacíficos [...] Entre duas escaramuças, pode-se esvaziar muito bem um canecão de cerveja [...]"). Entre dois assaltos de palavras, entre duas majestades de sistemas, o prazer do texto é sempre possível, não como uma distração, mas como uma passagem incongruente — *dissociada* — de uma outra linguagem, como o exercício de uma fisiologia diferente.

Há ainda demasiado heroísmo em nossas linguagens; nas melhores — penso na de Bataille —, há eretismo de certas expressões e finalmente uma espécie de *heroísmo insidioso*. O prazer do texto (a fruição do texto) é, ao contrário, como que uma obliteração súbita do *valor* guerreiro, uma descamação passageira dos esporões do escritor, uma parada do "coração" (da coragem).

Como é que um texto, que é linguagem, pode estar fora das linguagens? Como *exteriorizar* (colocar no exterior) os falares do mundo, sem se refugiar em um último falar a partir do qual os outros seriam simplesmente relatados, recitados? Desde que nomeio, sou nomeado: fico preso na rivalidade dos nomes. Como é que o texto pode "se safar" da guerra das ficções, dos socioletos? — Por um trabalho progressivo de extenuação. Primeiro o texto liquida toda metalinguagem, e é nisso que ele é texto: nenhuma voz (Ciência, Causa, Instituição) encontra-se *por trás* daquilo que é dito. Em seguida, o texto destrói até o fim, *até a contradição*, sua própria categoria discursiva, sua referência sociolinguística (seu "gênero"): é "o cômico que não faz rir", a ironia que não se sujeita, a jubilação sem alma, sem mística (Sarduy), a citação sem aspas. Por fim, o texto pode, se tiver gana, investir contra as estruturas canônicas da própria língua (Sollers): o léxico (neologismos exuberantes, palavras-gavetas, transliterações), a sintaxe (acaba a célula lógica, acaba a frase). Trata-se, por transmutação (e não mais somente por transformação), de fazer surgir um novo estado filosofal da matéria linguareira; esse estado inaudito, esse metal incandescente, fora de origem e fora de comunicação, é então coisa de linguagem e não uma linguagem, fosse esta desligada, imitada, ironizada.

O prazer do texto não tem preferência por ideologia. *Entretanto*: essa impertinência não vem por liberalismo, mas por perversão: o texto, sua leitura são clivados. O que é desbordado, quebrado, é a *unidade moral* que a sociedade exige de todo produto humano. Lemos um texto (de prazer) como uma mosca voando no volume de um quarto: por ângulos bruscos, falsamente definitivos, atarefados e inúteis: a ideologia passa sobre o texto e sua leitura como o rubor sobre um rosto (em amor, alguns apreciam eroticamente esse vermelho); todo escritor de prazer tem suas ruborizações imbecis (Balzac, Zola, Flaubert, Proust; somente Mallarmé talvez é senhor de sua pele): no texto de prazer, as forças contrárias não se encontram mais em estado de recalcamento, mas de devir: nada é verdadeiramente antagonista, tudo é plural. Eu atravesso ligeiramente a noite reacionária. Por exemplo, em *Fécondité*, de Zola, a ideologia é flagrante, particularmente pegajosa: naturismo, familiarismo, colonialismo; *isso não impede* que eu continue a ler o livro. Essa distorção é banal? Podemos achar antes assombrosa a habilidade doméstica com que o sujeito se partilha, dividindo sua leitura, restituindo ao contágio do juízo, à metonímia do contentamento: será isso que o prazer torna *objetivo*?

Alguns querem um texto (uma arte, uma pintura) sem sombra, cortada da "ideologia dominante"; mas é querer um texto sem fecundidade, sem produtividade, um texto estéril (vejam o mito da Mulher sem Sombra). O texto tem necessidade de sua sombra: essa sombra é um pouco de ideologia, um pouco de representação, um pouco de sujeito: fantasmas, bolsos, rastos, nuvens necessárias; a subversão deve produzir seu próprio claro-escuro.

[Diz-se correntemente: "ideologia dominante". Essa expressão é incongruente. Pois a ideologia é o quê? É precisamente a ideia *enquanto ela domina*: a ideologia só pode ser dominante. Tanto é justo falar de "ideologia da classe dominante" porque existe efetivamente uma classe dominada, quanto é inconsequente falar de "ideologia dominante", porque não há ideologia dominada: do lado dos "dominados" não há nada, nenhuma ideologia, senão precisamente — e é o último grau da alienação — a ideologia que eles são obrigados (para simbolizar, logo para viver) a tomar de empréstimo à classe que os domina. A luta social não se pode reduzir à luta de duas ideologias rivais: é a subversão de toda ideologia que está em causa.]

*
* *

Marcar bem os *imaginários da linguagem*, a saber: a palavra como unidade singular, mônada mágica; a fala como instrumento ou expressão do pensamento; a escritura como transliteração da fala; a frase como medida lógica, fechada; a própria carência ou a recusa de linguagem como força primária, espontânea, pragmática. O imaginário da ciência (a ciência como imaginário) toma a seu cargo todos esses artefatos: a linguística enuncia de fato a verdade sobre a linguagem, mas, somente nisto: "que nenhuma ilusão consciente é cometida": ora é a própria definição do imaginário: a inconsciência do inconsciente.

Já é um primeiro trabalho o de restabelecer na ciência da linguagem aquilo que só lhe é atribuído, fortuitamente, desdenhosamente, ou com mais frequência ainda, recusado: a semiologia (a estilística, a retórica, dizia Nietzsche), a prática, a ação ética, o "entusiasmo" (Nietzsche ainda). Um segundo trabalho é o de reencaixar na ciência o que vai contra ela: aqui, o texto. O texto é a linguagem sem o seu imaginário, é o que falta à ciência da linguagem para que seja manifestada sua importância geral (e não sua particularidade tecnocrática). Tudo o que é apenas tolerado ou terminantemente recusado pela linguística (como ciência canônica, positiva), a significância, a fruição, é precisamente isso que afasta o texto dos imaginários da linguagem.

Sobre o prazer do texto, nenhuma "tese" é possível; apenas uma inspeção (uma introspecção) que acaba depressa. *Eppure si gaude!* E, no entanto, para com e contra todos, eu fruo do texto.

Há exemplos ao menos? Poder-se-ia pensar numa imensa colheita coletiva: recolher-se-iam todos os textos que chegaram a dar prazer a alguém (de qualquer lugar que venham esses textos) e manifestar-se-ia esse corpo textual (*corpus*: é dizer bem), um pouco como a psicanálise expôs o corpo erótico do homem. Um tal trabalho, entretanto, é de recear, levaria apenas a *explicar* os textos retidos; haveria uma bifurcação inevitável do projeto: não se podendo dizer, o prazer entraria na via geral das motivações, das quais nenhuma *poderia ser definitiva* (se menciono aqui alguns prazeres de texto, é sempre de passagem, de uma maneira muito precária, de modo algum regular). Em uma palavra, um trabalho assim não poderia *ser escrito*. Não posso senão girar em torno de um tal assunto e por conseguinte mais vale fazê-lo breve e solitariamente do que coletiva e interminavelmente; mais vale renunciar a passar do *valor*, fundamento da afirmação, aos *valores*, que são efeitos de cultura.

Como criatura de linguagem, o escritor está sempre envolvido na guerra das ficções (dos falares), mas nunca é mais do que um joguete, porque a linguagem que o constitui (a escritura) está sempre fora de lugar (atópica); pelo simples efeito da polissemia (estádio rudimentar da escritura), o engajamento guerreiro de uma fala literária é duvidoso desde a origem. O escritor se encontra sempre sobre a mancha cega dos sistemas, à deriva; é um joker, um mana, um grau zero, o morto do bridge: necessário ao sentido (ao combate), mas ele mesmo privado de sentido fixo; seu lugar, seu *valor* (de troca) varia segundo os movimentos da história, os golpes táticos da luta: pedem-lhe tudo e/ou nada. Ele próprio está fora da troca, mergulhado no não lucro, o *mushotoku* zen, sem desejo de ganhar nada, exceto a fruição perversa das palavras (mas a fruição não é nunca um ganho: nada a separa do *satori*, da perda). Paradoxo: essa gratuidade da escritura (que aproxima, pela fruição, à da morte), o escritor cala-a: ele se contrai, exercita os músculos, nega a deriva, recalca a fruição: são pouquíssimos os que combatem *ao mesmo tempo* a repressão ideológica e a repressão libidinal (aquela, naturalmente, que o intelectual faz pesar sobre si mesmo: sobre sua própria linguagem).

*
* *

Lendo um texto referido por Stendhal (mas que não é dele)[1], encontro nele Proust por um minúsculo pormenor. O Bispo de Lescars designa a sobrinha de seu vigário-geral por uma série de apóstrofes preciosas (*minha pequena sobrinha, minha amiguinha, minha linda morena,*

[1]. "Episodes de la vie d'Athanase Auger, publiés par sa nièce", em *Les Mémoirs d'un touriste*, I, p. 238-245 (Stendhal, *Obras Completas*, Calmann-Lévy, 1891).

ah pequena gulosa!) que ressuscitam em mim as fórmulas de duas mensageiras do Grande Hotel de Balbec, Marie Geneste e Céleste Albaret, ao narrador (*Oh! diabinho de cabelos de gaio, oh profunda malícia! Ah juventude! Ah linda pele!*). Alhures, mas da mesma maneira, em Flaubert, são as macieiras normandas em flor que leio a partir de Proust. Saboreio o reino das fórmulas, a inversão das origens, a desenvoltura que faz com que o texto anterior provenha do texto ulterior. Compreendo que a obra de Proust é, ao menos para mim, a obra de referência, a *mathesis* geral, a *mandala* de toda a cosmogonia literária — como o eram as Cartas de Mme de Sévigné para a avó do narrador, os romances de cavalaria para D. Quixote etc.; isso não quer de modo algum dizer que sou um "especialista" de Proust: Proust é o que me ocorre, não é o que eu chamo; não é uma "autoridade"; é simplesmente *uma lembrança circular*. E é bem isto o intertexto: a impossibilidade de viver fora do texto infinito — quer esse texto seja Proust, ou o jornal diário, ou a tela de televisão: o livro faz o sentido, o sentido faz a vida.

*

* *

Se você mete um prego na madeira, a madeira resiste diferentemente conforme o lugar em que é atacada: diz-se que a madeira não é isotrópica. O texto tampouco é isotrópico: as margens, a fenda, são imprevisíveis. Do mesmo modo que a física (atual) precisa ajustar-se ao caráter não isotrópico de certos meios, de certos universos, assim é necessário que a análise estrutural (a semiologia) reconheça as menores resistências do texto, o desenho irregular de seus veios.

*
* *

Nenhum objeto está numa relação constante com o prazer (Lacan, a propósito de Sade). Entretanto, para o escritor, esse objeto existe; não é a linguagem, é a língua, a língua materna. O escritor é alguém que brinca com o corpo da mãe (remeto a Pleynet, sobre Lautréamont e sobre Matisse): para o glorificar, para o embelezar, ou para o despedaçar, para o levar ao limite daquilo que, do corpo, pode ser reconhecido: eu iria a ponto de desfrutar de uma desfiguração da língua, e a opinião pública soltaria grandes gritos, pois ela não quer que se "desfigure a natureza".

*
* *

Dir-se-ia que para Bachelard os escritores jamais escreveram: por um corte bizarro, são apenas lidos. Pôde assim fundar uma pura crítica de leitura, e ele a fundou no prazer: estamos empenhados em uma prática homogênea (escorregadia, eufórica, voluptuosa, unitária, jubilatória) e esta prática nos cumula: *ler-sonhar*. Com Bachelard, é toda a poesia (como simples direito de descontinuar a literatura, o combate) que passa ao crédito do Prazer. Mas uma vez que a obra é percebida sob as espécies de uma escritura, o prazer range, a fruição desponta e Bachelard se afasta.

*

* *

Eu me interesso pela linguagem porque ela me fere ou me seduz. Trata-se, talvez, de uma erótica de classe? Mas de que classe? A burguesa? Ela não tem nenhum gosto pela linguagem, que já não é, sequer a seus olhos, luxo, elemento de uma arte de viver (morte da "grande" literatura), mas apenas instrumento ou cenário (fraseologia). A popular? Aqui, desaparecimento de toda atividade mágica ou poética: não há mais carnaval, não se brinca mais com as palavras: fim das metáforas, reino dos estereótipos impostos pela cultura pequeno-burguesa. (A classe produtora não tem necessariamente a linguagem de seu papel, de sua força, de sua virtude. Logo: dissociação das solidariedades, das empatias — muito fortes aqui, nulas ali. Crítica da ilusão totalizante: não importa qual aparelho unifica *primeiro* a linguagem; mas não é preciso respeitar o todo.)

Resta uma ilhota: o texto. Delícias de casta, mandarinato? O prazer talvez, mas não a fruição.

Nenhuma significância (nenhuma fruição) pode produzir-se, estou persuadido disso, numa cultura de massa (a distinguir, como o fogo da água, da cultura das massas), pois o modelo dessa cultura é pequeno-burguês. É a característica de nossa contradição (histórica) que a significância (a fruição) esteja inteiramente refugiada em uma alternativa excessiva: ou numa prática mandarinal (proveniente de uma extenuação da cultura burguesa), ou então numa ideia utópica (a de uma cultura vindoura, surgida de uma revolução radical, inaudita, imprevisível, sobre a qual aquele que hoje escreve só sabe uma coisa: é que, como Moisés, não entrará aí).

Caráter associal da fruição. Ela é a perda abrupta da socialidade e, no entanto, não se segue daí nenhuma recaída no sujeito (a subjetividade), na pessoa, na solidão: *tudo* se perde, integralmente. Fundo extremo da clandestinidade, negro de cinema.

Todas as análises socioideológicas concluem pelo caráter deceptivo da literatura (o que lhes tira um pouco de sua pertinência): a obra seria finalmente sempre escrita por um grupo socialmente desiludido ou impotente, fora de combate por situação histórica, econômica, política; a literatura seria a expressão dessa decepção. Estas análises esquecem (e é normal, visto que são hermenêuticas baseadas na pesquisa exclusiva do significado) o formidável anverso da escritura: a fruição: fruição que pode explodir, através dos séculos, fora de certos textos escritos, entretanto, para a glória da mais sombria, da mais sinistra filosofia.

*

*   *

A linguagem que eu falo *em mim mesmo* não é de meu tempo; está exposta, por natureza, à suspeita ideológica; é, portanto, com ela que é preciso que eu lute. Escrevo porque não quero as palavras que encontro: por subtração. E, ao mesmo tempo, esta *penúltima linguagem* é a de meu prazer: leio ao longo das noites Zola, Proust, Verne, *Monte Cristo*, *As Memórias de um Turista* e mesmo às vezes Julien Green. Isto é o meu prazer, mas não a minha fruição: esta só tem possibilidade de aparecer com o *novo absoluto*, pois só o novo abala (infirma) a consciência (fácil? de modo algum: nove em dez vezes, o novo é apenas o estereótipo da novidade).

O Novo não é uma moda, é um valor, fundamento de toda crítica: nossa avaliação do mundo já não depende, pelo menos diretamente, como em Nietzsche, da oposição do *nobre* e do *vil*, mas da do Antigo e do Novo (o erótico do Novo começou desde o século XVIII: longa transformação em marcha). Para escapar à alienação da sociedade presente, só existe este meio: *fuga para frente*: toda linguagem antiga é imediatamente comprometida, e toda linguagem se torna antiga desde que é repetida. Ora, a linguagem encrática (aquela que se produz e se espalha sob a proteção do poder) é estatutariamente uma linguagem de repetição; todas as instituições oficiais de linguagem são máquinas repisadoras: a escola, o esporte, a publicidade, a obra de massa, a canção, a informação, redizem sempre a mesma estrutura, o mesmo sentido, amiúde as mesmas palavras: o estereótipo é um fato político, a figura principal da ideologia. Em face disso, o Novo é a fruição (Freud: "No adulto, a novidade constitui sempre a condição da fruição"). Daí a configuração atual das forças: de um lado, um achatamento de massa (ligado à repetição da linguagem) — achatamento fora--de-fruição, mas não forçosamente fora-de-prazer — e, de outro, um arrebatamento (marginal, excêntrico) rumo ao Novo — arrebatamento desvairado que poderá ir até a destruição do discurso: tentativa para fazer ressurgir historicamente a fruição recalcada sob o estereótipo.

A oposição (o gume do valor) não ocorre forçosamente entre contrários consagrados, nomeados (o materialismo e o idealismo, o reformismo e a revolução etc.); mas ocorre *sempre e em toda parte entre a exceção e a regra*. A regra é o abuso, a exceção é a fruição. Por exemplo, em certos momentos, é possível sustentar a *exceção* dos Místicos. Tudo de preferência à regra (a generalidade, o estereótipo, o idioleto: a linguagem consistente).

Entretanto, pode-se pretender exatamente o contrário (não obstante, não seria eu que o pretenderia): a repetição engendraria ela mesma a fruição. Os exemplos etnográficos abundam: ritmos obsessivos, músicas encantatórias, litanias, ritos, nembutsu búdico etc.: repetir até o excesso é entrar na perda, no zero do significado. Somente que: para a repetição ser erótica, cumpre que ela seja formal, literal, e, em nossa cultura, essa repetição afixada (excessiva) volta a ser excêntrica e repelida para certas regiões marginais da música. A forma bastarda da cultura de massa é a repetição vergonhosa: repetem-se os conteúdos, os esquemas ideológicos, a obliteração das contradições, mas variam-se as formas superficiais: há sempre livros, emissões, filmes novos, ocorrências diversas, mas é sempre o mesmo sentido.

Em suma, a palavra pode ser erótica sob duas condições opostas, ambas excessivas: se for repetida a todo transe, ou ao contrário se for inesperada, suculenta por sua novidade (em certos textos, há palavras que *brilham*, são aparições distrativas, incongruentes — pouco importa que sejam pedantes; assim, pessoalmente, tenho prazer com esta frase de Leibniz: "[...] como se os relógios de bolso marcassem as horas por uma certa faculdade *horodêitica*, sem terem necessidade de rodas, ou como se os moinhos partissem os grãos por uma qualidade *frativa*, sem terem necessidade de nada que se assemelhasse às mós"). Nos dois casos, é a mesma física de fruição, o sulco, a inscrição, a síncope: o que é cavado, batido ou o que explode, detona.

O estereótipo é a palavra repetida, fora de toda magia, de todo entusiasmo, como se fosse natural, como se por milagre essa palavra que retorna fosse a cada vez adequada por razões diferentes, como se imitar pudesse deixar de ser sentido como uma imitação: palavra sem cerimônia, que pretende a consistência e ignora sua própria insistência. Nietzsche fez o reparo de que a "verdade" não era outra coisa senão a solidificação de antigas metáforas. Pois bem, de acordo com isso, o estereótipo é a via atual da "verdade", o traço palpável que faz transitar o ornamento inventado para a forma canonical, coercitiva, do significado. (Seria bom imaginar uma nova ciência linguística; ela estudaria não mais a origem das palavras, ou etimologia, nem sequer sua difusão, ou lexicologia, mas os progressos de sua solidificação, seu espessamento ao longo do discurso histórico; esta ciência seria sem dúvida subversiva, manifestando muito mais que a origem histórica da verdade: sua natureza retórica, linguareira.)

A desconfiança com respeito ao estereótipo (ligada à fruição da palavra nova ou do discurso insustentável) é um princípio de instabilidade absoluta, que não respeita nada (nenhum conteúdo, nenhuma escolha). A náusea aparece desde que a ligação de duas palavras importantes se torna evidente por si. E desde que uma coisa *se torna evidente por si*, abandona-a: é a fruição. Irritação fútil? Na novela de Edgar Poe, o Sr. Valdemar, o moribundo magnetizado, sobrevive, cataléptico, pela repetição das perguntas que lhe são dirigidas ("Sr. Valdemar, está dormindo?"); mas essa sobrevivência é insustentável; a falsa morte, a morte atroz, é aquilo que não é um termo, é interminável ("Pelo amor de Deus! — Depressa! — Depressa! — façam-me dormir, — ou então depressa! acordem-me depressa! — Eu lhes afirmo que estou morto!"). O estereótipo é esta nauseabunda impossibilidade de morrer.

No campo intelectual, a escolha política é uma suspensão de linguagem — portanto uma fruição. Entretanto, a linguagem reaparece, sob a sua forma mais consistente (o estereótipo político). É então preciso engolir essa linguagem, sem náusea.

Outra fruição (outras margens): ela consiste em despolitizar o que é aparentemente político, e em politizar o que aparentemente não o é. — Mas não, vejamos, a gente politiza o que deve ser politizado e é tudo.

*
* *

Niilismo: "os fins superiores se depreciam". É um momento instável, ameaçado, pois outros valores superiores tendem, tão logo e antes que os primeiros sejam destruídos, a tomar a dianteira; a dialética nada mais faz senão ligar positividades sucessivas; daí a sufocação, no seio mesmo do anarquismo. Como pois *instalar* a carência de todo valor superior? A ironia? Ela parte sempre de um lugar *seguro*. A violência? É um valor superior e dos mais bem codificados. A fruição? Sim, se ela não for dita, doutrinal. O niilismo mais consequente está talvez sob *máscara*: de uma certa maneira é *interior* às instituições, aos discursos conformes, às finalidades aparentes.

*
* *

A. me confia que não suportaria que sua mãe fosse desavergonhada — mas suportaria que o pai o fosse;

acrescenta: é estranho, isso, não é? — Bastaria um nome para pôr fim a seu espanto: *Édipo!* A. está a meu ver muito perto do texto, pois este *não dá os nome*s — ou suspende os que existem; não diz (ou com que intenção duvidosa?): o marxismo, o brechtismo, o capitalismo, o idealismo, o Zen etc.; o Nome não vem aos lábios; é fragmentado em práticas, em palavras que não são Nomes. Ao se transportar aos limites do dizer, numa *mathesis* da linguagem que não quer ser confundida com a ciência, o texto desfaz a nomeação e é essa defecção que o aproxima da fruição.

Num texto antigo que acabo de ler (um episódio da vida eclesiástica relatado por Stendhal), passagem da alimentação nomeada: do leite, das torradas, do queijo ao creme Chantilly, das compotas de Bar, das laranjas de Malta, dos morangos ao açúcar. Será ainda um prazer de pura representação (sentido então apenas pelo leitor guloso)? Mas eu não gosto de leite nem de iguarias açucaradas e me projeto pouco no pormenor destas pequenas refeições. Outra coisa se passa, ligada sem dúvida a um outro sentido da palavra "representação". Quando, num debate, alguém *representa* qualquer coisa a seu interlocutor, não faz mais do que citar o *último estado* da realidade, o intratável que existe nela. Do mesmo modo, talvez, o romancista ao citar, ao nomear, ao notificar a alimentação (ao tratá-la como notável), impõe ao leitor o último estado da matéria, aquilo que, nela, não pode ser ultrapassado, recuado (não é por certo o caso dos nomes que foram mencionados anteriormente: *marxismo*, *idealismo* etc.). *É isso!* Esse grito não deve ser entendido como o próprio limite da nomeação, da imaginação. Haveria em suma dois realismos: o primeiro decifra o "real" (o que se demonstra mas não se vê) e o segundo diz a "realidade" (o que se vê mas não se demonstra); o romance, que pode misturar estes dois realismos, junta ao inteligível do "real" a cauda fantasmática da "realidade": espanto com o fato de que se comesse em 1791 "uma salada de laranjas com rum", como em nossos restaurantes de hoje: isca de inteligível histórico e teimosia da coisa (a laranja, o rum) em *estar aí*.

*

* *

Um francês em cada dois, parece, não lê; metade da França está privada — se priva do prazer do texto. Ora, nunca se deplora essa desgraça nacional a não ser de um ponto de vista humanista, como se, recusando o livro, os franceses renunciassem somente a um bem moral, a um valor nobre. Seria preferível fazer a sombria, estúpida, trágica história de todos os prazeres aos quais as sociedades objetam ou renunciam: há um obscurantismo do prazer.

Mesmo se repusermos o prazer do texto no campo de sua teoria e não no de sua sociologia (o que arrasta aqui a uma discussão particular, aparentemente desprovida de qualquer alcance nacional ou social), é efetivamente uma alienação política que está em causa: a perempção do prazer (e mais ainda da fruição) em uma sociedade trabalhada por duas morais: uma majoritária, da vulgaridade, outra, grupuscular, do rigor (político e/ou científico). Dir-se-ia que a ideia do prazer já não lisonjeia ninguém. Nossa sociedade parece ao mesmo tempo calma e violenta; de toda maneira: frígida.

*

* *

A morte do Pai privará a literatura de muitos de seus prazeres. Se não há mais Pai, de que serve contar histórias? Todo relato não se reduz ao Édipo? Contar é sempre procurar a origem, dizer as disputas com a Lei, entrar na dialética do enternecimento e do ódio? Hoje, equilibra-se em um mesmo lance o Édipo e o relato: já não se ama, já não se teme, já não se conta. Como ficção, o Édipo servia ao menos para alguma coisa: para fazer bons romances, para narrar bem (isso foi escrito depois de ter visto *City Girl*, de Murnau).

Muitos leitores são perversos, implicam uma clivagem. Assim como a criança sabe que sua mãe não tem pênis e ao mesmo tempo julga que ela tem um (economia cuja rentabilidade Freud mostrou), do mesmo modo o leitor pode dizer incessantemente: *eu sei que são apenas palavras, mas mesmo assim...* (emociono-me como se essas palavras enunciassem uma realidade). De todas as leituras é a leitura trágica que é a mais perversa: tenho prazer em me ouvir contar uma história *cujo fim eu conheço*: sei e não sei, ajo em face de mim mesmo como se não soubesse: sei muito bem que Édipo será desmascarado, que Danton será guilhotinado, *mas mesmo assim...* Em relação à história dramática, que é aquela cujo resultado ignoro, há uma obliteração do prazer e uma progressão da fruição (hoje, na cultura de massa, grande consumo de "dramáticos", pouca fruição).

Proximidade (identidade?) da fruição e do medo. O que repugna a uma tal aproximação não é evidentemente a ideia de que o medo é um sentimento desagradável — ideia banal — mas que é um sentimento *mediocremente indigno*; ele é o deixado-por-conta de todas as filosofias (só, Hobbes, creio: "a única paixão de minha vida foi o medo"); a loucura não lhe quer mal (salvo talvez a loucura antiquada: o *Horla*), e isso impede que o medo seja moderno: é uma recusa da transgressão, uma loucura que se abandona com plena consciência. Para uma derradeira fatalidade, o sujeito que tem medo permanece sempre sujeito; quando muito depende da neurose (fala-se então de *angústia*, palavra nobre, palavra científica: mas o medo não é a angústia).

São essas razões mesmas que aproximam o medo da fruição; ele é a clandestinidade absoluta, porque é "inconfessável" (embora atualmente ninguém esteja pronto a confessá-lo), mas porque, cindindo o sujeito ao deixá-lo intato, só tem à sua disposição significantes *conformes*: a linguagem delirante é recusada àquele que ouve o medo erguer-se nele. "Escrevo para não ficar louco", dizia Bataille — o que queria dizer que escrevia a loucura; mas quem poderia dizer: "Escrevo para não ter medo"? Quem poderia escrever o medo (o que não impediria dizer contá-lo)? O medo não expulsa, não constrange nem realiza a escritura: pela mais imóvel das contradições, os dois coexistem — separados.

(Sem falar do caso em que *escrever faz medo*.)

Uma noite, meio adormecido sobre uma banqueta de bar, eu tentava por brincadeira enumerar todas as linguagens que entravam em minha escuta: músicas, conversações, ruídos de cadeiras, de copos, toda uma estereofonia da qual uma praça de Tânger (descrita por Severo Sarduy) é o lugar exemplar. Em mim, isso também falava (é coisa conhecida), e essa fala dita "interior" parecia muito com o rumor da praça, com esse escalonamento de pequenas vozes que me vinha do exterior: eu mesmo era um lugar público, um *souk*; em mim, passavam as palavras, os pequenos sintagmas, as pontas de fórmulas, e *nenhuma frase se formava*, como se fosse a lei dessa linguagem. Essa fala ao mesmo tempo muito cultural e muito selvagem era sobretudo lexical, esporádica; constituía em mim, através de seu fluxo aparente, um descontínuo definitivo: essa *não frase* não era de modo algum algo que não tivesse tido poder para chegar à frase, que tivesse existido *antes* da frase; era: aquilo que existe eternamente, soberbamente, *fora da frase*. Então, virtualmente, toda a linguística cairia por terra, ela que só acredita na frase e sempre atribuiu uma dignidade exorbitante à sintaxe predicativa (como forma de uma lógica, de uma racionalidade); eu me lembrava desse escândalo científico: não existe nenhuma gramática locutiva (gramática daquele que fala, e não daquilo que se escreve; e para começar: gramática do francês falado). Estamos entregues à frase (e daí: à fraseologia).

A Frase é hierárquica: implica sujeições, subordinações, recções internas. Daí o seu acabamento: como poderia uma hierarquia permanecer aberta? A Frase é acabada; é mesmo precisamente: essa linguagem que é acabada. A prática, nisso, difere muito da teoria. A teoria (Chomsky) diz que a frase é por direito infinita (infinitamente catalisável), mas a prática obriga sempre a terminar a frase. "Toda atividade ideológica se apresenta sob a forma de enunciados composicionalmente acabados." Tomemos também essa proposição de Julia Kristeva por seu anverso: todo enunciado acabado corre o risco de ser ideológico. Com efeito, é o poder de acabamento que define a mestria frástica e que marca, como que com um *savoir-faire* supremo, duramente adquirido, conquistado, os agentes da Frase. O professor é alguém que acaba suas frases. O político entrevistado tem visível dificuldade em imaginar um fim para a sua frase: e se esquecesse o que ia dizer? Toda a sua política seria atingida! E o escritor? Valéry dizia: "Não pensamos palavras, pensamos somente frases". Dizia isso porque era escritor. É chamado escritor, não aquele que exprime seu pensamento, sua paixão ou sua imaginação por meio de frases, mas *aquele que pensa frases*: um Pensa-Frase (quer dizer: não inteiramente um pensador e nem inteiramente um fraseador).

O prazer da frase é muito cultural. O artefato criado pelos retóricos, gramáticos, linguistas, mestres, escritores, pais, esse artefato imitado de uma maneira mais ou menos lúdica: joga-se com um objeto excepcional, cujo paradoxo foi bem sublinhado pela linguística: imutavelmente estruturado e no entanto infinitamente renovável: algo como o jogo de xadrez.

A menos que, para certos perversos, a frase seja *um corpo?*

*

*   *

Prazer do texto. Clássicos. Cultura (quanto mais cultura houver, maior, mais diverso será o prazer). Inteligência. Ironia. Delicadeza. Euforia. Domínio. Segurança: arte de viver. O prazer do texto pode definir-se por uma prática (sem nenhum risco de repressão): lugar e tempo de leitura: casa, província, refeição próxima, candeeiro, família lá onde é preciso, isto é, ao longe e não longe (Proust no gabinete com aromas de íris) etc. Extraordinário reforço do ego (pelo fantasma); inconsciente acolchoado. Esse prazer pode ser *dito*: daí vem a crítica.

Textos de fruição. O prazer em porções; a língua em porções; a cultura em porções. São perversos pelo fato de estarem fora de qualquer finalidade imaginável — *mesmo a do prazer* (a fruição não obriga ao prazer; pode mesmo aparentemente aborrecer). Nenhum álibi resiste, nada se reconstitui, nada se recupera. O texto de fruição é absolutamente intransitivo. Entretanto, a perversão não basta para definir a fruição: é o extremo da perversão que a define: extremo sempre deslocado, extremo vazio, móvel, imprevisível. Esse extremo assegura fruição: uma perversão média se atravanca rapidamente com um jogo de finalidades subalternas: prestígio, cartaz, rivalidade, discurso, parada etc.

Todo mundo pode testemunhar que o prazer do texto não é seguro: nada nos diz que esse mesmo texto nos agradará uma segunda vez; é um prazer friável, cortado pelo humor, pelo hábito, pela circunstância, é um prazer precário (obtido através de uma prece silenciosa dirigida à Gana de sentir-se bem e que esta Gana pode revogar); daí a impossibilidade de falar deste texto do ponto de vista da ciência positiva (sua jurisdição é a da ciência crítica: o prazer como princípio crítico).

A fruição do texto não é precária, é pior: *precoce*; não surge no devido tempo, não depende de nenhum amadurecimento. Tudo é arrebatado numa só vez. Este arrebatamento é evidente na pintura, a que se faz hoje: desde que é compreendido, o princípio da perda se torna ineficaz, é preciso passar a outra coisa. Tudo é jogado, tudo é fruído *na primeira vista*.

*
* *

O texto é (deveria ser) essa pessoa desenvolta que mostra o traseiro ao *Pai Político*.

*
* *

Por que é que, em obras históricas, romanescas, biográficas, há (para alguns aos quais pertenço) um prazer em ver representar a "vida quotidiana" de uma época, de uma personagem? Por que essa curiosidade pelos pequenos pormenores: horários, hábitos, refeições, habitações, roupas etc.? Será o gosto fantasmático da "realidade" (a própria matéria do "isto existiu")? E não será o próprio fantasma que chama o "pormenor", a cena minúscula, privada, na qual posso facilmente tomar lugar? Em suma, haveria aí "pequenos histéricos" (esses leitores), que tirariam sua fruição de um singular teatro: não o da grandeza, mas o da mediocridade (não poderá haver sonhos, fantasmas da mediocridade?).

Assim, é impossível de imaginar notação mais tênue, mais insignificante que a do "tempo que faz" (que fazia); no entanto, outro dia, ao ler, ao tentar ler Amiel, irritação pelo fato de que o editor, virtuoso (mais um que exclui o prazer), tenha julgado estar procedendo bem ao suprimir desse Diário os detalhes quotidianos, o tempo que fazia às margens do lago de Genebra, para conservar apenas insípidas considerações morais: é, no entanto, esse tempo que não teria envelhecido e não a filosofia de Amiel.

*
* *

A arte parece comprometida, histórica e socialmente. Daí o esforço do próprio artista para destruí-la.

Vejo três formas para esse esforço. O artista pode passar a um outro significante: se é escritor, tornar-se cineasta, pintor, ou, pelo contrário, se é pintor, cineasta, desenvolver intermináveis discussões críticas sobre o cinema, a pintura, reduzir voluntariamente a arte à sua crítica. Pode também despedir a escritura, submeter-se à escrevinhação, tornar-se douto, teórico intelectual, nunca mais falar senão de um lugar moral, limpo de toda sensualidade de linguagem. Pode, enfim, pura e simplesmente pôr-se a pique, parar de escrever, mudar de profissão, de desejo.

A desgraça é que essa destruição é sempre inadequada; ou se torna exterior à arte, mas se faz a partir daí impertinente, ou então consente em permanecer na prática da arte, mas se oferece bem depressa à recuperação (a vanguarda é essa linguagem renitente que vai ser recuperada). O desconforto dessa alternativa vem do fato de que a destruição do discurso não é um termo dialético, mas um termo semântico: alinha-se docilmente sob o grande mito semiológico do *versus* (*branco* versus *negro*); a partir daí a destruição da arte está condenada às exclusivas formas *paradoxais* (aquelas que vão, literalmente, contra a *doxa*): os dois lados do paradigma estão colados um no outro de um modo finalmente cúmplice: há acordo estrutural entre as formas contestantes e as formas contestadas.

(Entendo ao contrário por subversão sutil aquela que não se interessa diretamente pela destruição, esquiva o paradigma e procura um *outro* termo: um terceiro termo, que não seja, entretanto, um termo de síntese, mas um termo excêntrico inaudito. Um exemplo? Bataille, talvez, que frustra o termo idealista por um materialismo *inesperado*, em que tomam lugar o vício, a devoção, o jogo, o erotismo impossível etc.; assim, Bataille não opõe o pudor à liberdade sexual, mas... *o riso*.)

O texto de prazer não é forçosamente o que relata prazeres, o texto de fruição não é nunca o que conta uma fruição. O prazer da representação não está ligado a seu objeto: a pornografia não é *segura*. Em termos zoológicos, dir-se-á que o lugar do prazer textual não é a relação do mimo e do modelo (relação de imitação), mas somente a do otário e do mimo (relação de desejo, de produção).

Cumpriria aliás distinguir entre *figuração* e *representação*.

A figuração seria o modo de aparição do corpo erótico (em qualquer grau e sob qualquer modo que seja), no perfil do texto. Por exemplo: o autor pode aparecer em seu texto (Genet, Proust), mas de modo algum sob a espécie da biografia direta (o que excederia o corpo, daria um sentido à vida, forjaria um destino). Ou ainda: pode-se conceber desejo por uma personagem de romance (pulsões fugitivas). Ou enfim: o próprio texto, estrutura diagramática, e não imitativa, pode desvelar-se sob a forma de corpo, clivado em objetos fetiches, em lugares eróticos. Todos esses movimentos atestam uma *figura* do texto, necessária à fruição de leitura. Do mesmo modo, e mais ainda que o texto, o filme será *seguramente* sempre figurativo (daí por que apesar de tudo vale a pena fazê-lo) — mesmo que não represente nada.

A representação, por ela, seria *uma figuração embaraçada*, atravancada de outros sentidos que não o do desejo: um espaço de álibis (realidade, moral, verossimilhança, legibilidade, verdade etc.). Eis um texto de pura representação: Barbey d'Aurevilly escreve sobre a virgem de Memling:

> Ela está muito direita, muito perpendicularmente colocada. Os seres puros estão direitos. Pela cintura e pelo movimento, reconhecem-se as mulheres castas; as voluptuosas arrastam-se, enlanguescem e curvam-se, sempre a ponto de cair.

Notem de passagem que o processo representativo pode gerar tanto uma arte (o romance clássico) quanto uma "ciência" (a grafologia, por exemplo, que, da moleza de uma letra, conclui a indolência do escrevente) e que, por consequência, é justo, sem sofisticação qualquer, considerá-la imediatamente ideológica (pela extensão histórica de sua significação). Sem dúvida, acontece muitas vezes que a representação toma por objeto de imitação o próprio desejo; mas, então, esse desejo nunca sai do quadro, da cena; circula entre as personagens; se tiver um destinatário, esse destinatário permanece interior à ficção (poder-se-á dizer, por conseguinte, que qualquer semiótica que mantenha o desejo encerrado na configuração dos actantes, por mais nova que seja, é uma semiótica da representação. A representação é isso: quando nada sai, quando nada salta fora do quadro: do quadro, do livro, do *écran*).

*
* *

Mal se acabou de dizer uma palavra, em qualquer parte, sobre o prazer do texto, há logo dois policiais prontos a nos cair em cima: o policial político e o policial psicanalítico: futilidade e/ou culpabilidade, o prazer é ou ocioso ou vão, é uma ideia de classe ou uma ilusão.

Tradição antiga, muito antiga: o hedonismo foi repelido por quase todas as filosofias; só se encontra a reivindicação hedonista entre os marginais, Sade, Fourier; para o próprio Nietzsche, o hedonismo é um pessimismo. O prazer é incessantemente enganado, reduzido, desinflado, em proveito de valores fortes, nobres: a Verdade, a Morte, o Progresso, a Luta, a Alegria etc. Seu rival vitorioso é o Desejo: falam-nos sem cessar do Desejo, nunca do Prazer; o Desejo teria uma dignidade epistêmica, o Prazer não. Dir-se-ia que a sociedade (a nossa) recusa (e acaba por ignorar) de tal modo a fruição, que só pode produzir epistemologias da Lei (e de sua contestação), mas jamais de sua ausência, ou melhor ainda: de sua nulidade. É curiosa essa permanência filosófica do Desejo (enquanto nunca é satisfeito): essa palavra não denotaria uma "ideia de classe"? (Presunção de prova bastante grosseira, e todavia notável: o "popular" não conhece o Desejo — nada mais exceto prazeres.)

Os livros ditos "eróticos" (cumpre acrescentar: de feitura corrente, para excetuar Sade e alguns outros) *representam* menos a cena erótica do que sua expectativa, sua preparação, sua escalada; é nisso que são "excitantes"; e, quando a cena chega, há naturalmente decepção, deflação. Em outros termos, são livros do Desejo, não do Prazer. Ou, mais maliciosamente, põem em cena o Prazer *tal como o vê a psicanálise*. Um mesmo sentido diz aqui e lá que *tudo isso é muito ilusório*.

(O monumento psicanalítico tem de ser atravessado não contornado, como as vias admiráveis de uma grande cidade, vias através das quais se pode brincar, sonhar etc.: é uma ficção.)

Haveria, parece, uma mística do Texto. — Todo o esforço consiste, ao contrário, em materializar o prazer do texto, em fazer do texto *um objeto de prazer como os outros*. Quer dizer: seja em aproximar o texto dos "prazeres" da vida (um petisco, um jardim, um encontro, uma voz, um momento etc.) e em fazê-lo entrar no catálogo pessoal de nossas sensualidades, seja em abrir para o texto a brecha da fruição, da grande perda subjetiva, identificando então esse texto com os momentos mais puros da perversão, com seus locais clandestinos. O importante é igualar o campo do prazer, abolir a falsa oposição entre a vida prática e a vida contemplativa. O prazer do texto é uma reivindicação justamente dirigida contra a separação do texto; pois aquilo que o texto diz, através da particularidade de seu nome, é a ubiquidade do prazer, a atopia da fruição.

Ideia de um livro (de um texto) em que estaria entrançada, tecida, da maneira mais pessoal, a relação de todas as fruições: as da "vida" e as do texto, no qual uma mesma anamnese captaria a leitura e a aventura.

Imaginar uma estética (se o termo não estiver por demais depreciado) baseada até o fim (completa, radicalmente, em todos os sentidos) *no prazer do consumidor*, qualquer que ele seja, qualquer que seja a classe, qualquer que seja o grupo ao qual pertença, sem acepção de culturas e linguagens: as consequências seriam enormes, talvez mesmo dilacerantes (Brecht encetou uma tal estética do prazer; de todas as suas proposições, é essa a que se esquece com mais frequência).

*
* *

O sonho permite, sustenta, mantém, coloca em plena luz uma extrema sutileza de sentimentos morais, por vezes mesmo metafísicos, o sentido mais sutil das relações humanas, das diferenças refinadas, um saber da mais alta civilização, em suma, uma lógica *consciente*, articulada, com uma delicadeza inaudita, que só um trabalho de vigília intensa deveria estar capacitado a obter. Em suma o sonho faz falar *tudo o que em mim não é estranho, estrangeiro*: é uma anedota indelicada feita com sentimentos muito civilizados (o sonho seria *civilizador*).

O texto de fruição coloca muitas vezes em cena este diferencial (Poe); mas pode também dar a figura contrária (embora igualmente cindida): uma anedota muito legível com sentimentos impossíveis (*Mme Edwarda*, de Bataille).

*
* *

Que relação pode haver entre o prazer do texto e as instituições do texto? Muito tênue. A teoria do texto, quanto a ela, postula a fruição, mas tem pouco futuro institucional: o que ela funda, sua realização exata, sua assunção, é uma prática (a do escritor), mas de modo algum uma ciência, um método, uma pesquisa, uma pedagogia; por seus próprios princípios, essa teoria não pode produzir senão teóricos ou práticos (escreventes), mas de modo algum especialistas (críticos, pesquisadores, professores, estudantes). Não é apenas o caráter fatalmente metalinguístico de toda pesquisa institucional que cria obstáculo à escritura do prazer textual é também o fato de sermos atualmente incapazes de conceber uma verdadeira ciência do devir (que seria a única a poder recolher nosso prazer, sem o enfarpelar sob uma tutela moral):

[...] não somos bastante sutis para nos apercebermos do *escoamento* provavelmente *absoluto* do *devir*; o *permanente* só existe graças a nossos órgãos grosseiros que resumem e reduzem as coisas a planos comuns, quando nada existe *sob essa forma*. A árvore é a cada instante uma coisa nova; nós afirmamos a *forma* porque não apreendemos a sutileza de um movimento absoluto (Nietzsche).

O texto seria também essa árvore cuja nomeação (provisória) devemos ao caráter grosseiro de nossos órgãos. Nós seríamos científicos por falta de sutileza.

*
* *

O que é a significância? É o sentido *na medida em que é produzido sensualmente*.

*
* *

O que se procura, em diversos lados, é estabelecer uma teoria do sujeito materialista. Essa pesquisa pode passar por três estados: ela pode primeiro, tomando uma antiga via psicológica, criticar impiedosamente as ilusões de que se cerca o sujeito imaginário (os moralistas clássicos distinguiram-se nessa crítica); ela pode em seguida — ou ao mesmo tempo — ir mais longe, admitir a cisão vertiginosa do sujeito, descrita como pura alternância, a do zero e de sua obliteração (isso interessa ao texto, visto que a fruição, sem poder aí dizer-se, faz passar nele o frêmito de sua anulação); ela pode, enfim, generalizar o sujeito ("alma múltipla", "alma mortal") — o que não quer dizer massificá-lo, coletivizá-lo; e, ainda aqui, tornamos a encontrar o prazer, a fruição: "Não se tem o direito de perguntar *quem portanto* é esse que interpreta? É a própria interpretação, forma da vontade de poder, que existe (não como um 'ser', mas como um processo, um devir), enquanto paixão" (Nietzsche).

Talvez então retome o sujeito, não como ilusão, mas como *ficção*. Um certo prazer é tirado de uma maneira da pessoa se imaginar como *indivíduo*, de inventar uma última ficção, das mais raras: o fictício da identidade. Essa ficção não é mais ilusão de uma unidade; é, ao contrário, o teatro de sociedade na qual fazemos comparecer nosso plural: nosso prazer é *individual* — mas não pessoal.

Cada vez que tento "analisar" um texto que me deu prazer, não é a minha "subjetividade" que volto a encontrar, mas o meu "indivíduo", o dado que torna meu corpo separado dos outros corpos e lhe apropria seu sofrimento e seu prazer: é meu corpo de fruição que volto a encontrar. E esse corpo de fruição é também *meu sujeito histórico*; pois é ao termo de uma combinatória muito delicada de elementos biográficos, históricos, sociológicos, neuróticos (educação, classe social, configuração infantil etc.) que regulo o jogo contraditório do prazer (cultural) e da fruição (incultural), e que me escrevo como um sujeito atualmente malsituado, vindo demasiado tarde ou demasiado cedo (não designando este *demasiado* nem um pesar nem uma falta nem um azar, mas apenas convidando a *um lugar nulo*): sujeito anacrônico, à deriva.

Poder-se-ia imaginar uma tipologia dos prazeres de leitura — ou dos leitores de prazer; não seria sociológica, pois o prazer não é um atributo nem do produto nem da produção; só poderia ser psicanalítica, empenhando a relação da neurose leitora na forma alucinada do texto. O fetichista concordaria com o texto cortado, com a fragmentação das citações, das fórmulas, das cunhagens, com o prazer da palavra. O obsessional teria a voluptuosidade da letra, das linguagens segundas, desligadas, das metalinguagens (essa classe reuniria todos os logófilos, linguistas, semióticos, filólogos: todos aqueles para quem a linguagem *reaparece*). O paranoico consumiria ou produziria textos retorcidos, histórias desenvolvidas como raciocínios, construções colocadas como jogos, coerções secretas. Quanto ao histérico (tão contrário ao obsessional), seria aquele que toma o texto *por dinheiro sonante*, que entra na comédia sem fundo, sem verdade, da linguagem, que já não é o sujeito de nenhum olhar crítico e se joga através do texto (o que é muito diferente do se projetar nele).

Texto quer dizer *Tecido*; mas, enquanto até aqui esse tecido foi sempre tomado por um produto, por um véu todo acabado, por trás do qual se mantém, mais ou menos oculto, o sentido (a verdade), nós acentuamos agora, no tecido, a ideia gerativa de que o texto se faz, se trabalha através de um entrelaçamento perpétuo; perdido neste tecido — nessa textura — o sujeito se desfaz nele, qual uma aranha que se dissolvesse ela mesma nas secreções construtivas de sua teia. Se gostássemos dos neologismos, poderíamos definir a teoria do texto como uma hifologia (*hyphos* é o tecido e a teia da aranha).

Embora a teoria do texto tenha nomeadamente designado a significância (no sentido que Julia Kristeva deu a essa palavra) como o lugar da fruição, embora tenha afirmado o valor ao mesmo tempo erótico e crítico da prática textual, essas proposições são amiúde esquecidas, repelidas, sufocadas. No entanto: o materialismo radical ao qual tende essa teoria será concebível sem o pensamento do prazer, da fruição? Os raros materialistas do passado, cada um à sua maneira, Epicuro, Diderot, Sade, Fourier, não terão sido todos eudemonistas declarados?

Entretanto o lugar do prazer numa teoria do texto não é certo. Simplesmente, chega um dia em que se sente alguma urgência em *desparafusar* um pouco a teoria, em deslocar o discurso, o idioleto que se repete toma consistência, em lhe dar a sacudida de uma questão. O prazer é essa questão. Como nome trivial, indigno (quem se diria hoje hedonista, sem rir?), pode perturbar o retorno do texto à moral, à verdade: à moral da verdade: é um indireto, um "derrapante", se assim se pode dizer, sem o qual a teoria do texto voltaria a ser um sistema centrado, uma filosofia do sentido.

*

* *

Nunca é demais dizer a força de *suspensão* do prazer: é uma verdadeira *époché*, uma sustação que coagula ao longe todos os valores admitidos (admitidos por si mesmos). O prazer é um *neutro* (a forma mais perversa do demoníaco).

Ou, pelo menos, aquilo que o prazer suspende é o valor *significado*: a (boa) Causa.

Darmés, um encerador que é julgado neste momento por ter atirado contra o rei, redige suas ideias políticas [...] o que aparece com mais frequência debaixo da pena de Darmés é a aristocracia, que ele escreve *haristaukrassie*. A palavra, escrita desta maneira, é assaz terrível [...].

Hugo (Pierres) aprecia vivamente a extravagância do significante; ele sabe também que este pequeno orgasmo ortográfico provém das "ideias" de Darmés: suas ideias, isto é, seus valores, sua fé política, a avaliação que o faz com um mesmo movimento: escrever, nomear, desorto-grafar e vomitar. No entanto: como devia ser aborrecido, o *factum* político de Darmés!

O prazer do texto é isto: o valor passado ao grau suntuoso de significante.

*

* *

Se fosse possível imaginar uma estética do prazer textual, cumpriria incluir nela: *a escritura em voz alta*. Essa escritura vocal (que não é absolutamente a fala), não é praticada, mas é sem dúvida ela que Artaud recomendava e Sollers pede. Falemos dela como se existisse.

Na Antiguidade, a retórica compreendia uma parte olvidada, censurada pelos comentadores clássicos: a *actio*, conjunto de receitas próprias para permitirem a exteriorização corporal do discurso: tratava-se de um teatro da expressão, o orador-comediante "exprimia" sua indignação, sua compaixão etc. A *escritura em voz alta* não é expressiva; deixa a expressão ao fenotexto, ao código regular da comunicação; por seu lado ela pertence ao genotexto, à significância; é transportada, não pelas inflexões dramáticas, pelas entonações maliciosas, os acentos complacentes, mas pelo *grão* da voz, que é um misto erótico de timbre e de linguagem, e pode portanto ser, por sua vez, tal como a dicção, a matéria de uma arte: a arte de conduzir o próprio corpo (daí sua importância nos teatros extremo-orientais). Com respeito aos sons da língua, *a escritura em voz alta* não é fonológica, mas fonética; seu objetivo não é a clareza das mensagens, o teatro das emoções; o que ela procura (numa perspectiva de fruição) são os incidentes pulsionais, a linguaguem atapetada de pele, um texto em que se possa ouvir o grão da garganta, a pátina das consoantes, a voluptuosidade das vogais, toda uma estereofonia da carne profunda: a articulação do corpo, da língua, não a do sentido, da linguagem. Uma certa arte da melodia pode dar uma ideia desta escritura vocal; mas, como a melodia está morta, é talvez hoje no cinema que a encontraríamos mais facilmente. Basta com efeito que o cinema tome *de muito perto* o som da fala (é em suma a definição generalizada do "grão" da escritura) e faça ouvir na sua materialidade, na sua sensualidade, a respiração, o embrechamento, a polpa dos lábios, toda uma presença do focinho humano (que a voz, que a escritura sejam frescas, flexíveis, lubrificadas, finamente granulosas e vibrantes como o focinho de um animal), para que consiga deportar o significado para muito longe e jogar, por assim dizer, o corpo anônimo do ator em minha orelha: isso granula, isso acaricia, isso raspa, isso corta: isso frui.

COLEÇÃO ELOS
(Últimos Lançamentos)

51. *Quatro Leituras Talmúdicas*, Emmanuel Levinas.
52. *Yossel Rakover Dirige-se a Deus*, Zvi Kolitz.
53. *Sobre a Construção do Sentido*, Ricardo Timm de Souza.
54. *Circularidade da Ilusão*, Affonso Ávila.
55. *A Paz Perpétua*, J. Guinsburg (org).
56. *A "Batedora" de Lacan*, Maria Pierrakos.
57. *Quem Foi Janusz Korczak?*, Joseph Arnon.
58. *O Segredo Guardado: Maimônides – Averróis*, Ili Gorlizki.
59. *Vincent Van Gogh*, Jorge Coli.
60. *Brasileza*, Patrick Corneau.
61. *Nefelomancias: Ensaios sobre as Artes dos Romantismos*,
    Ricardo Marques de Azevedo.
62. *Os Nomes do Ódio*, Roberto Romano.
63. *Kafka: A Justiça, O Veredicto e a Colônia Penal*, Ricardo
    Timm de Souza.
64. *O Culto Moderno dos Monumentos*, Alois Riegl.
65. *Giorgio Strehler: A Cena Viva*, Myriam Tanant.

Este livro foi impresso na cidade de Cotia,
nas oficinas da Meta Brasil,
para a Editora Perspectiva.